1er TABLEAU.

LA LECTURE

enseignée à l'aide de l'ÉCRITURE, par **J. A. PINEL**, Instituteur.

1re LEÇON. — Procédés :
1° Montrer les lettres aux élèves en les nommant, et les leur faire nommer.
2° Montrer les lettres et les faire nommer.
3° Nommer les lettres, afin que les élèves les montrent en les nommant aussi.
4° Faire écrire la leçon sur l'ardoise, après l'avoir fait lire cinq ou six fois de suite.
5° Les lettres seront lues sous les deux formes ; mais les enfants ne les écriront que sous la deuxième.

i u o a t d.
te de

i u o a t d

2me LEÇON. Procédés. (Voir à la 1re Leçon.)

e é è ê c ç x z
que ce xe ze

e é è ê c ç x z

3me LEÇON. Procédés. (Voir à la 1re Leçon.)

n m r v s q p.
ne me re ve se que pe

n m r v s q p

4me LEÇON. Procédés. (Voir à la 1re Leçon.)

l b h k j g y f.
le be he que je gue i fe

l b h k j g y f

Noyon. — Typographie D. ANDRIEUX-DURU.

2e TABLEAU.

LA LECTURE

enseignée à l'aide de l'ÉCRITURE, par J. A. PINEL, Instituteur.

5me LEÇON.—Procédés :
1° Montrer les lettres aux élèves et les leur faire nommer.
2° Nommer les lettres aux élèves, qui les montreront en les nommant.
3° Nommer cinq ou six lettres, que les élèves écriront sur l'ardoise (1).

a	b	c	d	e	f	g	h	i	j	k	l	m	n	é	o	p
q	è	r	s	t	u	v	ê	x	y	z;	h	p	q	g	o	è
x	f	é	r	y	e	n	s	z	d	m	t	ç		l	u	b	k
v	a	j	ê	i	b	d	v	g	z	p	t	f		c	q	s	.

(1) Quand on donnera à écrire l'une des trois lettres auxquelles on donne le nom *que*, on les désignera par *que*, *que* bouclé, *que* à queue. Il en sera de même de *i* qu'on désignera par *i*, *i* bouclé.

6me LEÇON.—Procédés :
1° Faire lire les syllabes sans les épeler.
2° Montrer des syllabes prises au hasard et les faire énoncer.
3° Enoncer des syllabes, les faire montrer et énoncer aux élèves.
4° Enoncer cinq ou six syllabes et les faire écrire sur l'ardoise.

ab	ac	ad	al	ap	ar	as	at	eb	ec	ed	ef
eg	el	er	es	ex	if	il	ir	is	ob	oc	of
or	os	ub	ul	ur	us	.					

7me LEÇON.—Procédés :
1° Faire épeler en prononçant de cette manière : *be-a, ba; fe-o, fo.*
2° Nommer les syllabes et demander aux élèves qu'il les montrent en les nommant.
3° Nommer quelques-unes des syllabes non comprises dans ce tableau, comme *dé, ji, mu,* etc., et les faire décomposer.
4° Faire écrire, comme ci-dessus, un certain nombre de syllabes que l'on énoncera.

ba	be	bé	bè	bi	bo	bu	ca	ce(1)	cé(1)	ci(1)	co
cu	da	de	di	do	du	fa	fe	fi	fo	fu	ga	ge(1)
gi(1)	go	gu	ha	hé	hi	hu	ja	je	jo	ju	ka
ky	la	lu	ly	ma	mè	mi	mo	na	ne	ni	nu
pa	po	pu	ra	ru	sa	si	ta	vé	xa	zè	ça	çu

(1) On fera remarquer que les lettres *c* et *g* se prononcent *se* et *je* quand elles se trouvent placées devant *e, é, è, ê, i, y.*

1862

Noyon. — Typographie D. ANDRIEUX-DURU.

3e TABLEAU.

LA LECTURE

enseignée à l'aide de l'ÉCRITURE, par J. A. PINEL, Instituteur.

8me LEÇON. — Procédés :
1° Faire lire, avec ou sans épellation, tous les mots de la leçon, dans l'ordre où ils se trouvent.
2° Faire lire des mots montrés au hasard.
3° Faire écrire quelques uns des mots de la leçon que l'on se contentera d'énoncer.

aga   cale   kilo   fini   bégu   défi   gobé   zéro   île
humé   épi   rime   salé   père   orbe   joli   mule   reçu
lama   volé   none   tué   âne   gala   boa   âme   curé
fagoté   arpége   décime   pilori   absolu   biribi   café
azyme   octave   ébahi   gabari   toléré   adage   aviné
oxide   nudité   canari   alcali   cocote   malice   saturé
myriade   acacia   calamité   humanité   urbanité
homonyme   unanimité   capilotade   hétérogène
amovibilité   récapitulative   acotylédone   .

9me LEÇON. — Procédés :
1° Faire épeler toutes les syllabes de la leçon de cette manière : be, er, ber ; me, ar, mar, etc.
2° Faire lire ces mêmes syllabes sans épellation en suivant la même marche qu'à la 7e leçon.
3° Faire écrire sur l'ardoise un certain nombre de syllabes et quelques uns des chiffres qu'on aura soin de faire lire plusieurs fois de suite.

bac   bal   bar   bec   ber   bir   bis   bor   bos   bus   cac
cal   cer   cor   das   dex   dor   fac   for   fer   gar   ger
gor   gus   har   his   hor   jar   jus   ker   lac   lec   l'ur
mar   mis   mur   ner   nif   pac   pas   pes   sal   sec   sif
sub   tar   tev   tyr   vac   ver   zag   zes   zig   ter   sor   ris
per   nas   mer   l'ar   s'il   ges   far   dur   car   bel   j'ar   .

1   2   3   4   5   6   7   8   9   0   .

1   2   3   4   5   6   7   8   9   0 .

1862

Noyon. — Typographie D. ANDRIEUX-DURU.

4e TABLEAU.

LA LECTURE

enseignée à l'aide de l'ÉCRITURE, par J. A. PINEL, Instituteur.

10me LEÇON.—Procédés : { Même marche à suivre que pour la 8e leçon; on fera aussi lire et écrire les majuscules ; les chiffres seront écrits sur la dernière ligne.

barbe vertu ibis texte berge martyr local mortel
carde zeste force hardi perdu ceste appel pacte
tortu fossé merci l'urne jaspe geste furtif captif
zig-zag vaccine cardinal absorbé tartine cadastre
dactyle horloge fustigé l'animal pustule sardine coq
cadmé certitude postérité dernière subterfuge canif
dextérité pessimiste facture difficile uniforme berça
affirmatif fistule gargarisme jardinage lassitude.

I J H K Z S .

I J H K Z S .

11me LEÇON.—Procédés : { Après avoir fait lire aux enfants les phrases et les nombres qui composent cette leçon, on leur dira et on leur fera répéter, en montrant et en faisant montrer les nombres et les chiffres dont on parlera, que : une dizaine s'énonce *dix* et se représente par 1 et 0 ; deux dizaines s'énoncent *vingt*, etc. ; puis on fera copier une phrase et écrire les nombres au bas de l'ardoise.

Ismérie est malade. Jules a dormi. Zénaïde sera punie.
Hélène a ramassé ce canevas. Kyneburge est fort sage.
Sulpice est parti à la Havane. Irénée a cassé le canif.
Zénobie salira le tapis et Zoé le lavera. Isidore a ri.
Justine finira la partie. Hippolyte sortira de la salle.

10 20 30 40 50 60 70 80 90 100 .

10 20 30 40 50 60 70 80 90 100

1862

Noyon. — Typographie D. Andrieux-Duru.

5ᵉ TABLEAU.

LA LECTURE

enseignée à l'aide de l'ÉCRITURE, par J. A. PINEL, Instituteur.

12ᵐᵉ LEÇON.—Procédés :
1° Montrer les sons, les énoncer et les faire énoncer.
2° Montrer les sons et faire énoncer.
3° Énoncer l'un des sons et le faire montrer et énoncer autant de fois qu'il est répété après le point et virgule.
4° Énoncer un ou plusieurs sons, que les élèves écriront sous toutes les formes ; continuer à faire écrire les dizaines depuis une jusqu'à neuf inclusivement.

ai ay ei ey an am aon en em au eau eu œu in yn im ym ain aim ein oi oy on om ou un oin; aon aim on au ou ay eu im om em œu ai oin an oi eau ym ei am in ey oy en ain un yn au ein .

13ᵐᵉ LEÇON.—Procédés :
1° Faire épeler toutes les syllabes de cette manière : *be, ai, bai ; be, an, ban*, etc.
2° Les faire lire toutes sans épellation.
3° En montrer quelques-unes prises au hasard et les faire énoncer.
4° Faire écrire quelques syllabes que l'on énoncera, et, si l'une d'elles se présente sous plusieurs formes, la faire écrire sous toutes les formes. Faire écrire, au bas de l'ardoise, les unités et les dizaines.

bai ban bam bau beau beu bœu bin bain boi boy bou cai can cen cau ceau ceu cœu cym cein coi con cou cun coin dau dey dan d'ou deu din doy d'un fai faon fau feu fin foi fon fou foin gai gan gen gau geau gain goi gon gou hai heu hon hoi hou j'ai jan j'en jeu j'im joy jou key lai lan lam lim loi loin lou mai man mem mau meu main moi mou nei nym noy pay pan pau peu pain poin ran roi rou sai san sain soi son soin tam teau tym toi vai vei van vau vœu vain voi vou zou bon vam cam tan don sym faim rem jam paon lym non moin syn bom ven cin ram den ten geon pin han nou tein moy veu geu .

1862

Noyon. — Typographie D. Andrieux-Duru.

5e TABLEAU.

LA LECTURE

enseignée à l'aide de l'ÉCRITURE, par J. A. PINEL, Instituteur.

14me LEÇON.—Procédés :
1° Faire lire, avec ou sans épellation, tous les mots de la leçon. (1) 2° Faire lire les majuscules. 3° Faire copier cinq ou six mots que l'on énoncera, et toutes les majuscules faisant l'objet de la leçon. 4° Expliquer aux enfants que le nombre douze, qui se compose de *dix* plus *deux*, ou de une dizaine plus de l'unité, se représente par, 1 et 2 ; que le nombre ving-trois, qui est formé de *vingt* plus *trois*, ou de deux dizaines plus trois unités, se représente par, 2 et 3, et, après les avoir exercés à décomposer une certaine quantité de nombres formés de dizaines et d'unités, leur faire écrire quelques-uns de ces nombres.

boule bande rampe danse faon jeudi lundi baume
pinceau bambou tympan moyen jambon bambin vin
moineau manteau dandin mouron dindon boudin paon
nouveau union pinson goujon parfum soupir syndic
bandage pigeon hangar bougie louveteau noyades
ceinturon lanterne neveu fontaine berceau zouave
sauteur tambour bœuf boyard malheur horreur
vautour farceur rougeur honneur pouvoir entonnoir
peur fouloir goujon cœur douleur jour lourdeur
neigeux mauvais rougeaud roitelet hanter gantelet
toison baiser fusain poison maison rasoir saison
vision malaise voisin rasade raisin ciseau partisan
conjugaison cousin roseau vaseuse division bourbeuse
bien mien tien sien rien lien viens ancien moyen
soutien maintien reviens vaurien gardien mécanicien
noyau payé royaume balayage paysan nettoyage .
F P B R D A M N O .

(1) Si l'on fait épeler, le faire de cette manière : be, ou, bou; le, e, le; boule, etc.
* et, er, à la fin des mots, se prononcent è, é.

1862

Noyon. — Typographie D. ANDRIEUX-DURU.

7ᵉ TABLEAU.

LA LECTURE

enseignée à l'aide de l'ÉCRITURE, par J. A. PINEL, Instituteur.

15ᵐᵉ LEÇON.—Procédés : { Après avoir fait lire les phrases, en faire copier une ; continuer l'analyse et l'écriture des nombres formés de dizaines et d'unités.

Alain rougira de sa faute. Zémia court sur la pelouse. Jean-Baptiste a été généreusement payé. Perpétue a fini tous ses devoirs ; Pauline finira bien les siens. Ardouin a vu son cousin. Henriette a un joli mouton. Oger a laissé mourir son oiseau ; Olga a bien nourri le sien. Jérôme a lu le journal. Rose a perdu sa poupée ; Raoul l'a ramassée et la lui a rendue. Félicité pinça Marie et fut punie. Nathalie est tombée ; Faustinien l'a relevée. Anastasie a décousu sa robe. Marc perça la foule. Benjamin reçoit la récompense de son assiduité. Nicolas a reçu des louanges. Bernardine copie une romance. Denis a vendu sa toupie. Aurélien joue aux dés.

16ᵐᵉ LEÇON.—Procédés : { 1° Faire lire comme une seule lettre chacune des consonnes composées, de cette manière : *ble, bre, che, chre,* etc.
2° Faire lire les nombres, ensuite les expliquer, en montrant successivement chaque nombre, que une centaine s'énonce *cent* et se représente par un 1 et deux 0, que 2 centaines s'énoncent *deux cents,* etc.
3° Faire écrire quelques consonnes composées et tous les nombres qui font l'objet de la leçon.

bl br ch chr cl cr fl fr gl gn gr gu ill mn ph pl phr
pr ps qu rh sb sc sm sp sph squ st sv th tr str vr pn
gn ch ill sph chr squ phr qu rh ph sm th ill ch

100 200 300 400 500 600 700 800 900 1,000

100 200 300 400 500 600 700 800 900 1,000

1862
Noyon. — Typographie D. ANDRIEUX-DURU.

8ᵉ TABLEAU.

LA LECTURE

 enseignée à l'aide de l'ÉCRITURE, par J. A. PINEL, Instituteur.

17ᵐᵉ LEÇON.—Procédés :
1° Faire épeler de cette manière : ble, a, bla; vre, o. vro; chre, é, chré; lie, an, illan, etc.
2° Après avoir fait lire la leçon entière, faire écrire quelques syllabes et les majuscules ;
3° Faire analyser des nombres composés de *centaines*, de *dizaines*, et d'*unités*, et les faire écrire (1).

bla vro cra spa fla plu gno sco chè fri bre pla mné phy
tho que cha blu fra sca gli cla plo qua thé bra chi ple
pho tri sto qui ble gna plu cre bru gui tha vre rhu pri
glo sty pra gue gle fru clé cri tra cru bri sta gne vra gla
chré illan vron thym blan gne au queu plan drain scep
blai vreu chan stran drai quoi flan psau glon plan pneu
guim quan fron scan droi thau blou vran chon clou illa
train dreu svel flam sque stan illu gueu bron bleu sphé
sceau tran ploi ille glan fleu crain broy chri vrai tren .

C   G   L   E   U   V   Y   X   Q   T   .

C G L E U V Y X Q T .

(1) L'analyse peut se faire ainsi : le nombre de *deux-cent-trente-quatre* est composé : de *deux* centaines, *trois* dizaines et *quatre* unités, et se représente par 2, 3 et 4, ou bien encore de *deux* centaines , plus *trente-quatre*, et se représente par 2 plus 34.

18ᵐᵉ LEÇON.—Procédés : Après avoir fait lire, faire écrire quelques mots ; continuer l'analyse et l'écriture des nombres, comme il est dit à la 17ᵉ leçon.

semblable brouillard splendide christianisme chanson
problème fringant pneumatique extraordinaire quatre
thaumaturge blanchir tromblon sphérique aqueuse
guimbarde scandale thermomètre frayeur guimauve
crachat drapeau mnémonique plomb trouvaille vraiment
statue rhumatisme brouillon quinze flambeau physique .

1862

9ᵉ TABLEAU.

LA LECTURE

enseignée à l'aide de l'ÉCRITURE, par J. A. PINEL, Instituteur.

19ᵐᵉ LEÇON. Procédés. — V. la 18ᵉ Leçon, et expliquer que s'il n'y a pas de dizaines ou d'unités on représente ces dizaines ou ces unités par zéro.

Clotilde est très pieuse ; elle fait bien ses prières du matin et du soir. Ursule donne son cœur à Dieu en s'éveillant ; elle s'habille ensuite, puis elle va embrasser ses parents. Chaque matin Louis cire ses souliers, brosse ses habits et se débarbouille. Germain salue toutes les personnes qu'il rencontre. Valentin aime bien ses petits frères et sa sœur ; s'ils font une faute, loin de les dénoncer, il les aide à la réparer. Eugène tient bien ses cahiers, et il étudie parfaitement ses leçons. Yvette n'est point bavarde ; quand quelqu'un cause, elle se tait, et ne parle que si on lui adresse la parole. Quand Xavier répond à quelqu'un, il ajoute toujours à sa réponse les mots Monsieur, Madame ou Mademoiselle. Quentin ne pose jamais ses coudes sur la table, ni ses pieds sur les bâtons des chaises. Si Théophile voit entrer quelqu'un chez eux, il prend une chaise et l'offre. Julien fait bien les commissions ; il ne flâne ni ne joue jamais en chemin.

1862

Noyon. — Typographie D. ANDRIEUX-DURU.

10ᵉ TABLEAU.

LA LECTURE

enseignée à l'aide de l'ÉCRITURE, par J. A. PINEL, Instituteur.
20ᵉ LEÇON. Procédés. — V. la 19ᵉ Leçon.

adoration lotion émotion relation solution inanition
    ci
option condition bénédiction érection affection action
caution salutation nation motion section martial
absolution partial acquisition direction émulation.
bail soleil émail œil ail écueil soupirail écureuil cil
ba-il   eu il   eu il
fenouil péril vieil bétail grésil pareil babil avril.
ou il

je dansai, j'aimai, j'aimerai, je sautai, je meublerai,
     é
je dérobai, j'encombrerai, je plaçai, je raconterai,
prenez, partez, courez, volez, arrivez, remettez,
je célébrais, je remettais, tu balançais, tu pinçais,
   è
je cachais, tu bronchais, je raclais, tu te moquais,
il étudiait, il comprenait, elle brodait, il cédait,
elles vendaient, ils sifflaient, ils assiégeaient,
ils parcouraient, elles surprenaient, ils fondaient,
elles poursuivaient, ils mangeaient, ils écrivaient,
ils demandent, elles attendent, elles intéressent,
    e
ils tâtent, elles reproduisent, ils demandèrent,
elles voulurent, ils partirent, qu'elles croient.

1862

Noyon. — Typographie D. Andrieux-Duru.

www.ingramcontent.com/pod-product-compliance
Lightning Source LLC
Chambersburg PA
CBHW071450060426
42450CB00009BA/2372